L'ALMA

FRAGMENT D'UNE HISTOIRE DE LA GUERRE DE CRIMÉE

I. Description géographique et situation militaire de la Crimée au mois de septembre 1854. — II. Débarquement des alliés. — III. Premiers projets pour l'attaque de Sébastopol. — IV. Bataille de l'Alma.

I

La Crimée, la Chersonèse taurique des anciens, la Tauride de Catherine II, est une grande presqu'île qui aurait la forme d'un tétragone à peu près régulier, si l'angle oriental ne s'allongeait pas démesurément comme pour rejoindre, par delà le détroit de Kertch, le prolongement occidental du Caucase. Elle est baignée au nord-est par la mer d'Azof, sur les trois autres faces par la mer Noire. L'isthme de Pérékop la rattache au continent ; l'idée qui était venue d'abord aux alliés de l'occuper et de le couper semblait bien simple et n'était pas pratique. La baie de Pérékop a si peu de fond que les moindres bâtiments de flottille resteraient engravés à grande distance du rivage ; en outre, l'isthme est absolument dépourvu d'eau potable. Ajoutons, ce qui paraît d'abord un paradoxe, qu'il n'est pas l'unique voie de communication par terre entre la Russie et la Crimée. L'étroit et long ruban de sable qui, sous le nom de flèche d'Arabat, sépare au nord-est la mer d'Azof de l'espèce de lagune appelée Sivache ou mer Putride, atteint presque le continent, puisque le détroit de Ghénitchesk, qui est entre-deux, n'a pas beaucoup plus de cent mètres de large et n'en a pas cinq de pro-

fondeur ; on le traverse si facilement en bac ou en bateau que c'est
la route la plus suivie de la terre ferme à Kertch ou à Théodosie.
Plus à l'ouest, dans le Sivache même, le pont de Tschongar relie
d'une façon permanente la presqu'île de ce nom avec la Crimée ;
sur d'autres points de la lagune il serait possible d'établir, au besoin, de semblables passages.

Quand on regarde une carte de Crimée bien faite, on est d'abord
porté à la croire inachevée ; le travail de la gravure, chargé dans la
partie méridionale, n'est plus qu'au trait dans le reste. C'est pour cela
même que la carte est exacte ; le sud, pays de montagne, est à peine
le tiers de la presqu'île ; au delà s'étend d'une mer à l'autre la steppe
vaste et plane. La Crimée montagneuse est un terrain de soulève-
ment, dont le dessin montre trois grandes lignes — le voisinage de
la mer d'où il est sorti autoriserait presque à dire trois lames — à
peu près parallèles, échelonnées du sud-ouest au nord-est. Ces trois
lignes ou lames, dont la plus méridionale est de beaucoup la plus im-
portante, ont un caractère commun ; du côté du sud se dressent des
escarpements abrupts, une paroi presque verticale, avec des dé-
chirures, des failles qui ont formé des gorges étroites et profondes.
Une troupe qui s'y engagerait, au-dessous de l'ennemi posté sur les
crêtes, n'en sortirait plus. Les sommets ne sont pas déchiquetés,
dentelés en *sierra* ; ce sont, au contraire, des plateaux étagés, plus
ou moins larges, qui donnent à ces montagnes tronquées une phy-
sionomie spéciale. Le plus remarquable est celui qui arase le
Tschatir-dag, à 1,560 mètres au-dessus de la mer. Du côté du nord,
les versants sont inclinés doucement, avec des ramifications allon-
gées et de nombreux vallons qui descendent aux grandes vallées
longitudinales ou qui vont, au delà de la troisième ligne, se fondre
insensiblement dans la steppe.

Toute cette région est bien arrosée. Une seule rivière un peu
considérable, le Salghir, coule au nord-est, et se jette dans la
mer Putride ; toutes les autres vont à l'ouest. Ce sont, à partir du
sud, la Tchernaïa, *la rivière noire*, dont les eaux se perdent dans
la baie profonde qui sert de rade à Sébastopol, le Belbeck, la Katcha, l'Alma et le Boulganak , un ruisseau qu'on ne nommerait
pas si les alliés ne l'avaient pas trouvé sur leur route au mois
de septembre 1854 ; il a un homonyme, d'une importance quelque
peu supérieure à la sienne, mais qui appartient au même versant
que le Salghir. Dans ces conditions, baignée d'eaux courantes,
abritée des vents du nord et du sud, la Crimée méridionale est un
pays aussi fécond et riche qu'il est pittoresque. Des forêts magni-
fiques couronnent les hauteurs ; dans les vallées croissent en abon-
dance les légumes et les fruits ; c'est une suite de jardins qui se

succèdent à perte de vue. Il n'y a de culture un peu grande que celle de la vigne dont le raisin produit un vin très-estimé.

De ce paysage riant et varié si nous débouchons dans la steppe, la description ne sera pas longue à faire : une vaste plaine nue, verdoyante au printemps, sèche en été, un peu reverdie en automne et, l'hiver, ensevelie sous la neige. Les Tatars qui l'habitent sont de même race que les gens du pays montagneux; mais les derniers sont devenus cultivateurs, jardiniers ou vignerons, tandis que les autres sont demeurés pasteurs, sans être toutefois nomades. On aperçoit de loin en loin leurs *aouls*, sorte de hameaux, ou plutôt groupes de huttes disséminés sur la surface de la steppe, petites associations d'hommes qui ne forment le plus souvent qu'une famille, dont le bétail est la seule richesse et dont un puits est toujours le centre. Dans la steppe comme dans la montagne, les Tatars sont d'humeur tranquille et douce, musulmans sans fanatisme, dociles sous la domination russe, probes et travailleurs. Ils étaient, au moment de la guerre, au nombre de 257,000 sur une population totale de 430,000 âmes, qui se composait pour le surplus de Turcs, mêlés avec eux dans la montagne, de Bulgares, d'Arméniens, de Juifs en grand nombre, de quelques Allemands et de Russes.

Il ne faut pas chercher de villes dans la steppe, à peine en faut-il chercher dans la Crimée tout entière. Il n'y en a que trois dans l'intérieur : Simféropol, qui est le chef-lieu administratif de la presqu'île, Baktchisaraï et Karasoubazar. Six sont maritimes : à l'ouest, Eupatoria, sur la baie de Kalamita ; au sud-ouest, Sébastopol et Balaklava ; au sud-est, Théodosie ou Kaffa, Kertch et Iénikalé. Pour faire communiquer ces villes entre elles et avec le continent, les routes, en 1853, étaient peu nombreuses, mal faites, mal entretenues, poudreuses en été, défoncées, presque impraticables en hiver. L'artère principale d'une bien petite circulation était la route de Pérékop à Simféropol, point central d'où rayonnaient la voie d'Eupatoria, la voie de Sébastopol et de Balaklava par Baktchisaraï, celle de Théodosie et de Kertch par Karasoubazar. Il y avait, en outre, le chemin du pont de Tschongar à Simféropol et celui dont on a parlé, de Ghénitchesk à Kertch par la flèche d'Arabat. La seule route vraiment digne de ce titre était celle que le prince Voronzof avait fait construire et qui portait son nom ; de Simféropol elle se dirigeait d'abord au sud-est sur Alouschta, puis elle tournait au sud-ouest, suivait le bord de la mer dans l'un des plus beaux pays du monde, inclinait ensuite au nord-ouest et, par la riante vallée de Baïdar, finissait par atteindre Sébastopol. Son parcours était de quarante-et-une lieues, tandis qu'entre Sébastopol et

Simféropol on n'en comptait pas plus de dix-huit par la vóie directe ; cependant, grâce à la solidité de sa construction, elle était de beaucoup préférable.

Telle était la Crimée en 1853 ; elle n'avait jusqu'alors guère eu de place dans les soucis militaires du gouvernement russe. Sébastopol appartenant à la marine, la presqu'île figurait à peine sur les états de répartition des troupes de terre ; mais le moment était venu, pour l'administration de la guerre et pour l'état-major, de s'en préoccuper davantage.

En examinant la constitution des forces actives dont pouvait disposer le tsar, on voit qu'elles étaient composées sommairement de la manière suivante : 1° la garde impériale, comprenant trois divisions d'infanterie et trois de cavalerie ; 2° un corps de grenadiers en trois divisions d'infanterie, avec une division de cavalerie légère ; 3° six corps d'infanterie de ligne, formés de trois divisions et accompagnés chacun, comme les grenadiers, d'une division de cavalerie légère ; 4° deux corps de cavalerie de réserve en six divisions. On peut négliger les corps spéciaux du Caucase, d'Orenbourg et de Sibérie. Chaque division d'infanterie comprenait deux brigades, chaque brigade deux régiments. Dans la garde et les grenadiers, les régiments n'avaient que trois bataillons ; ils en avaient quatre dans l'infanterie de ligne ; l'effectif de guerre du bataillon était de mille hommes en quatre compagnies. Un seul régiment de ligne au complet était donc au moins l'équivalent d'une brigade française ou même d'une division anglaise. Il eût dépassé l'une et l'autre de beaucoup si aux quatre bataillons actifs avaient été ajoutés les deux bataillons de réserve et de dépôt, composés d'hommes ayant tous passé par le service ; mais l'usage était d'embrigader entre eux ces 5es et ces 6es bataillons, et d'en former dans chaque corps deux divisions de réserve. A toutes les troupes régulières énumérées jusqu'ici ajoutons les irrégulières : les cosaques à pied, formés en bataillons ; les cosaques à cheval, formés en régiments dans lesquels la *sotnia* (centaine) tenait la place de l'escadron ; enfin, des milices, chargées de la garde intérieure de l'empire, et dont l'emploi en Crimée, à la bataille de Traktir, révéla pour la première fois aux observateurs attentifs l'épuisement des forces russes.

En 1853, la garde et la ligne avaient été mises sur le pied de guerre, les réserves rappelées et organisées, les batteries d'artillerie de campagne portées de huit bouches à feu à douze. En 1854, au printemps, l'effectif général des troupes actives dépassait 900,000 hommes, l'effectif disponible 700,000 ; il est vrai qu'ils étaient répandus, depuis le golfe de Bothnie jusqu'à la mer Caspienne, sur une ligne de 2,000 kilomètres : 207,000 hommes en

Finlande, autour de Saint-Pétersbourg et le long de la côte Baltique jusqu'à la frontière de Prusse ; 140,000 en Pologne ; 180,000 en Bessarabie et sur le Danube ; 32,000 près d'Odessa et de Nicolaief ; 39,000 en Crimée ; 46,000 entre le Don et le Caucase ; 55,000 sur la frontière de la Turquie d'Asie.

Au mois de septembre 1854, il y avait en Crimée 51,000 hommes de troupes de terre, soit 12,000 au delà de ce qu'indique l'énumération précédente, mais ces troupes étaient réparties sous deux commandements distincts. Le général Khomoutof, chargé de défendre la partie orientale de la presqu'île et le bassin de la mer d'Azof, avait un peu plus de 12,000 hommes à Théodosie et à Kertch. L'armée qui avait pour mission la défense de la partie occidentale et spécialement de Sébastopol, sous les ordres du prince Menchikof, se composait de 33,000 hommes d'infanterie en 42 bataillons, de 2,700 chevaux de cavalerie régulière, de 1,200 cosaques et de 1,700 artilleurs avec 88 pièces de campagne. De cet ensemble était détaché en observation, entre la Katcha et l'Alma, un corps formé de huit bataillons, d'autant d'escadrons, de 32 bouches à feu, et de six sotnias de cosaques pour le service des avant-postes. Le gros des troupes de terre était cantonné aux environs de Sébastopol ou dans la place même, à qui les événements avaient, par surcroît, assuré le concours efficace de 18 ou 19,000 excellents marins, fusiliers et canonniers des équipages de la flotte.

Si l'on rapproche de l'effectif général de 700,000 hommes l'effectif particulier de ces 50,000 soldats affectés à la défense de la Crimée, il est évident que le gouvernement russe n'avait pas d'abord pour elle des inquiétudes bien graves, puisqu'il y avait envoyé seulement un quatorzième de ses forces. Au lieu d'éveiller ses alarmes, les indiscrétions de la presse anglaise l'avaient rassuré ; persuadé qu'on voulait lui donner le change, il croyait Odessa menacé beaucoup plus que Sébastopol. Un peu plus soucieux, le prince Menchikof ne laissait pas d'avoir et d'exprimer la conviction que l'ennemi n'entreprendrait en Crimée rien de sérieux ni de décisif dans le courant de cette année 1854. Telle était la disposition de son esprit, lorsqu'il vit apparaître dans les eaux de Sébastopol, le 10 septembre, quatre bâtiments aux couleurs d'Angleterre et de France ; il ne s'en émut guère, ayant vu dans les mêmes eaux, six semaines auparavant, le 26 juillet, douze vaisseaux de ligne anglais et français à la fois. Le 13, il devint plus attentif, à l'aspect d'un épais nuage de fumée qui chargeait l'horizon, comme s'il y eût eu, au-dessous de la ligne d'eau, un nombre considérable de navires à vapeur. Bientôt après, le télégraphe du cap Loukoul envoyait coup sur coup des nouvelles ; de quelques voiles qu'il signalait vers midi, il passait, vers six heures, la centaine; enfin accourait un cosaque, chargé d'annoncer au prince une telle multitude de bâtiments ennemis qu'il était impossible d'en supputer le nombre.

II

Les flottes alliées, afin de ne se point désunir, s'étaient vues forcées de régler leur allure sur la marche du convoi lourdement chargé. Pendant cette traversée lente, l'armée française avait failli perdre son général en chef. La Crimée, la terre promise qu'il appelait de tous ses vœux, le maréchal de Saint-Arnauld avait pensé ne pouvoir pas l'atteindre. Sa santé, depuis bien des années mauvaise, avait empiré sous le coup des émotions et des fatigues de toute sorte qui accablaient son corps et son âme. Il souffrait cruellement d'une affection de l'aorte, et les douleurs qui lui déchiraient la poitrine étaient devenues, dans les derniers temps, intolérables. Dans sa lutte contre le choléra, contre l'incendie, contre les mille difficultés politiques et militaires qui l'assiégeaient, il avait épuisé le peu qui lui restait d'énergie physique. La tête inclinée, le visage amaigri, les traits altérés, trahissaient la violence et les progrès du mal. Depuis qu'il avait pris la mer, l'esprit moins occupé, moins tendu, ne soutenait plus aussi fortement le corps. « Depuis le 6, écrivait-il le 10 septembre, je n'ai pas quitté mon lit de douleur; c'est que mes souffrances sont devenues plus fréquentes et plus vives, et qu'il s'y est mêlé une espèce de fièvre froide d'un mauvais caractère. » Le 12, après une crise qui avait paru devoir être la dernière, il dicta pour le maréchal Vaillant cette lettre : « Ma situation sous le rapport de la santé est grave. Jusqu'à ce jour j'ai opposé à la maladie dont je suis atteint tous les efforts d'énergie dont je suis capable, et j'ai pu espérer pendant longtemps que j'étais assez habitué à souffrir pour être en mesure d'exercer le commandement sans révéler à tous la violence des crises que je suis condamné à subir, mais cette lutte a épuisé mes forces. J'ai eu la douleur de reconnaître, dans ces derniers temps et surtout dans cette traversée pendant laquelle je me suis vu sur le point de succomber, que le moment approchait où mon courage ne suffirait plus à porter le lourd fardeau d'un commandement qui exige une vigueur que j'ai perdue et que j'espère à peine recouvrer. Ma conscience me fait un devoir de vous exposer cette situation. Je veux espérer que la Providence me permettra de remplir jusqu'au bout la tâche que j'ai entreprise, et que je pourrai conduire jus-

qu'à Sébastopol l'armée avec laquelle je descendrai demain sur la
côte de Crimée; mais ce sera là, je le sens, un suprême effort, et je
vous prie de demander à l'empereur de vouloir bien me désigner
un successeur. »

Tandis qu'il était cloué sur son lit par le mal, une conférence
avait eu lieu, le 8, à bord du *Caradoc*, entre les amiraux des deux
flottes, lord Raglan et quelques généraux des deux armées; il fallait
choisir définitivement le point sur lequel on voulait prendre terre.
Une nouvelle reconnaissance de la baie de Kalamita fut jugée né-
cessaire. Le 10, les généraux Canrobert, de Martimprey, Thiry,
Bizot, le contre-amiral Bouet-Willaumez, chef d'état-major du vice-
amiral Hamelin, les colonels Trochu et Lebœuf, étaient réunis sur
le *Primauguet*; lord Raglan, accompagné des généraux sir John
Burgoyne et sir George Brown, se tenait sur le pont du *Caradoc*; le
Simpson et le vaisseau l'*Agamemnon*, monté par le contre-amiral
sir Edmund Lyons, commandant en second de la flotte anglaise,
faisaient escorte à la reconnaissance. C'étaient les quatre bâtiments
dont l'apparition n'avait pas alarmé d'abord le prince Menchikof.

La côte fut reconnue lentement, à courte distance, depuis la pointe
de Chersonèse au sud, jusqu'aux parages d'Eupatoria dans le nord.
On vit distinctement les campements russes sur les hautes terres, au
midi de Sébastopol, puis plus loin, aux embouchures de la Katcha et
de l'Alma. Entre ce dernier cours d'eau et Eupatoria, l'attention des
Anglais se porta particulièrement vers une plage indiquée sur
leurs cartes par le 45ᵉ parallèle, au point nommé Old-fort, près
des ruines d'un ancien fort génois. Eupatoria se montrait sans aucune défense; il parut aussi facile qu'important de l'occuper. Le 11,
la reconnaissance ayant rejoint les flottes qui avaient mouillé à
l'ouest du cap Tarkhan, les résultats en furent discutés à bord du
Caradoc. D'après un projet, sinon conçu, du moins agréé par l'empereur Napoléon III, et transmis avec recommandation au maréchal
de Saint-Arnaud, les armées auraient dû débarquer dans le sud-est
de la presqu'île, à Théodosie, occuper par un détachement Kertch
et Ienikalé, et se rabattre à l'ouest sur Sébastopol, à travers la région montagneuse, par Karasoubazar, Simféropol et Baktchisaraï.
C'eût été tout de suite entreprendre une longue et hasardeuse campagne, dans un terrain difficile, complétement inconnu, et surtout
beaucoup trop loin de l'objectif essentiel, qui était Sébastopol. Ce
projet fut d'abord écarté; l'opinion du maréchal de Saint-Arnaud,
qu'on savait être pour un débarquement à la Katcha, fut présentée
ensuite et soutenue par les commissaires français; mais les Anglais
objectèrent qu'en présence des Russes qui s'y attendaient, une
opération, déjà embarrassée d'elle-même, exécutée en outre de vive

force, pourrait être compromise, tandis qu'à Old-fort il n'y avait
rien de semblable à prévoir. C'étaient assurément de bonnes rai-
sons, sérieuses et solides; présent, le maréchal de Saint-Arnaud
s'y serait rendu sans doute : l'approbation de lord Raglan les fit
prévaloir. Une autre opinion, qu'il importe de noter, s'était pro-
duite avec l'autorité considérable du général Bizot et de sir John
Burgoyne; la voici, telle que la donnait, dans une lettre au maréchal Vaillant, le commandant du génie de l'armée française : « Le
général Burgoyne pense comme moi qu'on gagnerait beaucoup de
temps si l'on pouvait porter l'attaque de Sébastopol sur la ville au
sud, en s'emparant de la position dominante qui borde la Tchernaïa depuis Inkermann jusqu'à [la pointe de] Chersonèse. Nous ver-
rons cela quand nous serons établis sur le plateau de Belbeck. »

Le débarquement avait été décidé pour le surlendemain; mais
dans la nuit du 12 au 13, une violente bourrasque du nord-ouest
mit du désordre parmi le convoi; tandis qu'il se ralliait, les navires armés bornèrent leur action à se montrer devant Eupatoria, qui
se rendit à la première sommation. Les alliés y trouvèrent un fort
approvisionnement de grains. Dans la soirée, les abords d'Old-fort
furent examinés en détail, et des bouées, mouillées au large, jalon-
nèrent les lignes suivant lesquelles devaient se ranger les divisions
des flottes. La plage, parfaitement unie, d'une étendue immense,
offrait deux points de débarquement très-distincts, sur des bourre-
lets de sable limités par la mer, d'une part, et de l'autre par deux
lagunes, dont la plus considérable était au nord. Entre ces deux lagunes se prolongeait, sur une longueur de trois ou quatre kilomètres, une falaise haute de quelques mètres seulement ; c'était la
base d'un plateau qui s'élevait insensiblement vers l'intérieur,
champ de tir à souhait pour l'artillerie des flottes. Les emplace-
ments que devait occuper chacune d'elles étaient si nettement, si
distinctement indiqués par la nature et la disposition du terrain
qu'il ne pouvait y avoir entre elles, pendant l'opération même, ni
confusion, ni contestation, ni difficulté, ni plus tard aucune récri-
mination de bonne foi. Les Anglais devaient prendre pied sur le
bourrelet du nord, les Français et les Turcs sur le bourrelet du sud.
Le contre-amiral sir Edmund Lyons, pour la flotte anglaise, le
contre-amiral Bouet-Willaumez, pour la flotte française, avaient
tracé le dispositif du débarquement ; chaque commandant de navire
était instruit de ce qu'il avait à faire.

Le 14 septembre, à deux heures du matin, le signal d'appareillage
était donné; le temps était magnifique, le ciel pur, la mer belle. Les
vaisseaux de ligne s'avançaient lentement, remorqués par des frégates ou des corvettes à vapeur; à mesure qu'ils arrivaient sur les

bouées d'embossage, ils laissaient tomber l'ancre et prenaient leur rang de bataille, les remorques se plaçant dans les intervalles ; à sept heures tous étaient rangés à leur poste, les Anglais à gauche, les Français au centre, les Turcs à droite. Les escadres de guerre formaient ainsi quatre lignes, la première à six cents mètres environ de la plage, les autres successivement à deux cents mètres en arrière. Les lignes françaises se suivaient dans l'ordre numérique des divisions d'infanterie qui allaient être débarquées, chacune à son tour. La quatrième ligne, qui portait la quatrième division, ne fit que paraître à la place que lui assignait le plan général ; elle se remit presque aussitôt en colonne, suivie de trois frégates anglaises, pour aller distraire l'attention des Russes par un simulacre de débarquement aux embouchures de l'Alma et de la Katcha. Un peu avant huit heures, un signal du vaisseau amiral *la Ville-de-Paris*, répété sur toute la première ligne, donna l'ordre de mettre les embarcations à la mer. Tandis que les chalands, traînés en remorque par les vaisseaux depuis la veille, venaient accoster le bord qui n'était pas vu de la terre et recevaient l'artillerie de bataille, tandis que les soldats d'infanterie descendaient par groupes dans les canots, les avisos à vapeur, les grandes chaloupes armées de canon s'approchaient de la côte pour flanquer le débarquement sur les deux ailes, précaution excellente, mais qui fut inutile, car on ne vit de tout le jour aucun ennemi paraître. Des fanions de diverses couleurs, plantés par les soins de l'état-major général sur le sable, indiquaient à chaque brigade, à chaque régiment, à chaque bataillon, le point précis où il devait atterrir. A neuf heures, les premiers canots atteignaient la plage ; à midi, toute la première division débarquée s'avançait en ordre au-dessus de la falaise ; à trois heures, la deuxième venait se placer auprès d'elle ; à six heures, la troisième les rejoignait, et l'artillerie avait déjà 59 pièces de campagne prêtes pour le combat. Deux divisions anglaises bivouaquaient sur la gauche. Le soleil, déclinant à l'horizon, éclairait d'une lumière empourprée un spectacle admirable ; d'un côté, sur ce plateau la veille morne et désert, l'activité d'une vie nouvelle, tous ces hommes aux uniformes variés, aux armes étincelantes, alertes, joyeux, s'installant gaiement pour le bivouac, les tentes dressées, les feux qui s'allumaient, et plus loin, vers l'orient assombri, les grand'-gardes qui s'en allaient tendre, pour la sécurité de tous, le réseau des avant-postes et la chaîne des sentinelles ; de l'autre côté, les innombrables navires dessinant sur les ondulations miroitantes de la mer la silhouette de leurs flancs noirs, et sur le fond rouge du ciel la fine dentelle de leur mâture et de leurs agrès ; enfin, pour achever la mise en scène, l'accompagnement lointain du canon qu'on entendait gronder depuis le milieu du jour. C'était la démonstration que la quatrième division française avait d'abord faite à l'embouchure de l'Alma et qu'elle prolongeait devant la Katcha ; à la nuit tombante, elle vint reprendre sa place au mouillage d'Old-fort. Le vent s'était élevé ; dans la nuit, un orage éclata ; les soldats français, sous leurs tentes-abris, se tinrent à peu près à couvert, tandis que les Anglais, qui n'avaient pas encore leurs grandes tentes, souffrirent beaucoup de la tempête.

Le 15, au point du jour, la houle était si forte que le débarquement des trois dernières divisions anglaises, de la quatrième division française et des Turcs ne se fit pas sans difficulté ; la peine fut plus grande encore pour la mise à terre des chevaux et d'une partie du matériel, l'autre partie devant demeurer provisoirement à bord des navires. L'opération ne fut terminée que le 16 au soir pour les Français ; pour les Anglais, elle ne l'était pas encore. Le 17, on mit à leur disposition des chalands ; cependant, malgré cette assistance, ils ne se trouvèrent prêts à marcher que dans la soirée du 18.

En touchant la terre de Crimée, le maréchal de Saint-Arnaud avait repris des forces ; le 14, il était resté six heures à cheval, visitant les bivouacs, s'assurant que les grand'gardes étaient bien placées, les petits postes dûment répartis, les sentinelles avancées à bonne distance. Il était impatient de voir l'ennemi ou d'en avoir au moins des nouvelles. Le 15, des spahis de son escorte, en reconnaissance à cinq ou six kilomètres, avaient surpris dans un village et ramené douze soldats russes avec un sergent; il voulut les interroger lui-même. Pour le ravitaillement de l'armée, sinon pour le combat, les Tatars pouvaient être de précieux auxiliaires, à condition qu'on les traitât bien, qu'on respectât leurs aouls, leurs familles, leurs troupeaux ; malheureusement, entraînés par les pires habitudes d'Afrique, et persuadés qu'en terre ennemie tout était de bonne prise, des zouaves avaient commis des actes de pillage et de violence dans un de ces aouls ; un autre jour, des troupeaux étaient enlevés. Résolu à protéger les gens du pays et à maintenir une stricte discipline, le maréchal réprouva, par une flétrissure publique, « les instincts pillards de certains soldats, » et commanda de faire une rigoureuse punition des coupables.

Enfin, dans les deux armées, les ordres de départ purent être donnés pour le 19 septembre. Eupatoria restait gardée, sous le commandement supérieur du chef d'escadron d'état-major Osmont, par deux compagnies d'infanterie de marine, auxquelles pouvaient se joindre, au besoin, des matelots débarqués du vaisseau *l'Iéna*, laissé en station sur la rade avec un navire anglais. Aux environs d'Old-fort devaient demeurer provisoirement un détachement de la quatrième division d'infanterie britannique et un régiment de cavalerie légère, sous les ordres du brigadier-général Torrens. Le 19, à sept heures du matin, tous les autres bivouacs furent levés, et les deux armées commencèrent leur première étape dans la direction de Sébastopol.

III

En France, contrairement à l'opinion générale, qui naïvement s'imaginait alors, qui s'imagine peut-être encore, plus étrangement aujourd'hui, qu'avec Sébastopol pris d'emblée tombait tout d'un coup la puissance russe, que tout était d'abord fait et la paix à l'instant conquise, le gouvernement pensait avec plus de sagesse, que la prise de Sébastopol, aussi hâtive, ne pouvait être que le premier épisode d'une grande lutte.

Entre Sébastopol menacé au mois de septembre 1854 et Sébastopol pris au mois de septembre 1855, il y a eu les forces vives de la Russie, ses ressources financières, ses réserves de toute sorte attirées en Crimée durant une année tout entière, soutirées, qu'on nous passe l'expression, par un drainage incessant, du nord lointain à l'extrême sud de l'empire; il y a eu des milliers et des milliers d'hommes épuisés par de longues étapes sur de mauvaises routes, semant par les chemins les malades et les morts, arrivant enfin, les vêtements en lambeaux, affaiblis de nombre et d'énergie vitale, dans une place bouleversée par un feu d'enfer, mieux pourvue de boulets que de pain, riche de ce qui peut tuer, manquant de ce qui fait vivre, tandis que de Portsmouth, de Toulon et de Marseille, amenés sans fatigue, pour ainsi dire à pied d'œuvre, les adversaires n'avaient qu'un pas à faire de Balaklava ou de Kamiesch, aux tranchées, entre des rangées de magasins remplis de vêtements et de subsistances. Est-ce à dire que les Anglais et les Français, n'aient pas perdu bien des hommes et souffert beaucoup? Non pas certes; mais dans cette lutte glorieuse pour tous, les Russes ont fait plus de pertes et souffert davantage. Au mois de septembre 1854, ils n'avaient encore rien perdu ni souffert; c'est pourquoi le gouvernement français ne voyait pas, comme le public, tout achevé par la prise éventuelle de Sébastopol.

Le 14 septembre, le jour même où les armées alliées débarquaient sur la plage d'Old-fort, le maréchal Vaillant écrivait de Paris au maréchal de Saint-Arnaud : « La grande entreprise qui s'exécute en ce moment sous votre haute direction et votre com-

mandement absorbe toutes nos pensées, et c'est avec une anxiété
extrême que nous en attendons les premières nouvelles. Supposons
nos espérances réalisées et cet immense succès obtenu, il faut pen-
ser à ce que vous devrez faire. L'empereur m'ordonne de vous dire
qu'en admettant Sébastopol en votre pouvoir, il y aura lieu de le
fortifier le mieux possible du côté de terre, d'y placer une excellente garnison bien choisie, munie de tout, de *faire hiverner nos
flottes* dans ce beau port, et de faire prendre au surplus de votre
armée des cantonnements ou plutôt des camps retranchés dans la
partie méridionale de la Crimée. Il me semble difficile, si vous battez
solidement les Russes, que vous ne vous laissiez pas aller à occuper Simféropol, nœud des communications principales de toute
cette grande presqu'île. Il y a, en arrière de Pérékop, un ensemble
de lacs qui vous permettra aussi, si les Turcs occupent et défendent
cette partie, de faire un retranchement continu à travers l'isthme.
Je vous ai dit souvent que ce n'étaient ni des ordres, ni des instructions, ni même de simples conseils que vous portent mes lettres;
ce sont mes appréciations, rien de plus. Je ne puis avoir l'intention
de diriger à distance pareille; je fais ce que vous feriez à ma place,
je vous explique comment je comprends les choses, comment je
les vois : vous êtes sur les lieux mêmes, et par conséquent vous
devez les juger avec bien plus de netteté. L'empereur pense, et c'est
également mon avis, qu'il faut que vous fassiez choisir, à proximité
de Constantinople et le plus près possible de cette ville, un lieu de
dépôt salubre où l'on établira, dans les meilleures conditions de
santé et de bien-être, tous les renforts qui vous seront envoyés de
France ou d'Algérie, car cette guerre peut être longue. Si vous
prenez Sébastopol, il vous sera vigoureusement disputé au printemps; si vous le manquez cette fois-ci, il faudra le prendre au
mois de mai prochain. Dans tous les cas, une occupation de la Crimée par les alliés ne sera acceptée par la Russie que de guerre lasse
et après les plus grands sacrifices. Il faut donc nous attendre à tout
et ne nous faire aucune illusion sur l'étendue des sacrifices auxquels
nous devons nous résigner nous-mêmes. Dans cet ordre d'idées, un
lieu de dépôt établi près de Constantinople, où le général en chef
pourra puiser à volonté et que la vapeur mettra pour ainsi dire
sous sa main, me paraît une excellente idée. Donnez donc des ordres
sur-le-champ pour qu'elle se réalise le plus tôt possible. Mon intention est non-seulement d'avoir un dépôt pour les troupes, mais
d'établir dans la même localité un dépôt pour les réserves de l'ha-
billement, des subsistances, des hôpitaux, des poudres, des outils,
du campement, etc. D'après les ordres de Sa Majesté, aussitôt que
le corps expéditionnaire de la Baltique sera revenu en France, le

ministre de la marine enverra sept ou huit cents hommes d'infanterie de marine au Pirée, et Mayran vous arrivera avec sa brigade,
malheureusement bien éprouvée par le choléra et toutes les mala-
dies qui accompagnent ce triste fléau. J'ai été heureux d'avoir un
homme comme Mayran au Pirée. On m'avait dit de lui beaucoup
de bien, et c'est pour cela que je lui avais confié cette mission dé-
licate : Mayran a dépassé ce que j'attendais de lui. Adieu, mon cher
maréchal, mes vœux vous accompagnent. Soyez heureux ! »

En désaccord avec l'opinion, mais seulement sur les suites pro-
bables de la prise de Sébastopol, l'empereur, le ministre de la
guerre, le maréchal de Saint-Arnaud ne mettaient pas plus que le
public en doute que Sébastopol ne fût bientôt pris. Il est donc in-
téressant de connaître à cet égard les plans tracés par le général en
chef de l'armée française pour y réussir. Sans qu'ils fussent encore
arrêtés dans le détail, voici quelles en étaient à peu près les grandes
lignes. Après une vive canonnade des escadres contre les batteries
extérieures de la rade, les troupes de terre devaient attaquer sur le
plateau de Belbeck le fort du Nord que l'on confondait, tant on était
mal renseigné, avec le fort Constantin situé à l'entrée de la passe ;
puis, cet ouvrage dominant une fois occupé, prendre à revers les
défenses intérieurement construites sur la rive septentrionale de la
rade et bombarder la ville étagée sur l'autre rive, tandis que les escadres, en sécurité désormais du côté conquis par les troupes,
n'ayant plus à redouter les feux croisés des deux bords, forceraient
la passe et viendraient assaillir dans la rade même la flotte russe
déjà mise en péril par le feu plongeant des batteries de l'armée.
Quoique le succès récent de Bomarsund fût venu justifier jusqu'à un
certain point l'action commune des forces militaires et des forces
navales contre une place fortifiée, les marins demeuraient frappés
de l'impression qu'un sir Charles Napier, un des plus vaillants hommes du monde, avait ressentie devant les fronts de mer et les batteries casematées de Cronstadt, analogues aux fronts et aux batteries de Sébastopol. « Faites sortir la flotte russe, disaient-ils volon-
tiers ; vaisseaux contre vaisseaux, voilà comme il convient de nous
battre ; mais opposer à des murailles de pierre nos murailles de
bois, recevoir des coups que nous ne pourrions pas efficacement
rendre, ce n'est plus être vraiment et simplement brave, c'est faire
bruyamment parade d'un héroïsme inutile. » Tel était le langage
du vice-amiral Hamelin ; le maréchal de Saint-Arnaud insistait et
lui écrivait cette lettre du 31 août, par exemple : « L'occupation de
Sébastopol ne pourra être obtenue qu'à la condition que l'action de
la flotte et de l'armée sera combinée incessamment. Sous ce rapport, il s'est répandu dans les armées comme dans les flottes une

donnée que je trouve absolument fausse. Les marins par exemple disent : « Nous porterons et débarquerons l'armée ; elle fera son « affaire qui préparera la nôtre, puis nous interviendrons quand il « y aura lieu.» La guerre, mon cher amiral, c'est-à-dire le triomphe ou la défaite, repose bien moins pour une armée sur les efforts matériels qu'elle peut développer que sur la bonne ou mauvaise opinion qu'elle sait inspirer d'elle à ses adversaires. Les grands capitaines expriment cet axiome en disant que les résultats de la guerre dépendent des *effets moraux ;* les soldats moins savants disent que le premier qui a peur est le premier battu. Toute ma théorie de l'invasion de la Crimée, toutes mes espérances de succès reposent sur des considérations de cet ordre. Pour mon compte, je ne crois pas que jamais un appareil militaire semblable au nôtre ait porté avec lui un *effet moral* si considérable. C'est lui qui a déterminé la levée du siége de Silistrie pour laquelle les armées alliées ne pouvaient encore rien matériellement ; c'est lui qui a conduit une division russe [près de Djourdjevo] à céder la rive gauche du Danube à quelques centaines de Turcs derrière lesquels elle a obstinément voulu voir une division anglo-française. Eh bien ! je n'hésite pas à vous dire que cette force incalculable nous échappera ou sera fort affaiblie, si la flotte et l'armée pratiquent le système d'action successive et presque isolée. Je voudrais qu'au moment solennel les côtes de la Crimée présentassent le spectacle saisissant de l'audace, de l'activité redoutable, de la grandeur des moyens dont la France et l'Angleterre réunies sont seules capables. Je pense qu'il serait du plus grand intérêt que, chaque jour, lorsque le vent et la mer le permettraient, une partie des flottes vînt canonner les premiers forts et résoudre enfin le problème que j'entends discuter depuis si longtemps de savoir si la solidité de ces murs de pierre répond aux apparences et si le tir efficace peut avoir quelque durée dans ces batteries fermées. Je me résume et vous dis : Le jour où les flottes auront débarqué sur la terre de Crimée les armées, la solidarité qui les unit deviendra plus étroite ; la retraite n'est pas seulement interdite à celles-ci, elle leur est fermée. Cette situation est pleine de périls pour les âmes vulgaires : elle est pleine de grandeur pour les âmes élevées, elle impose à tous des devoirs nouveaux, des sacrifices qui dépassent les proportions ordinaires. Nous élèverons nos facultés et nos résolutions à la hauteur de la tâche. » Subordonné au maréchal, le vice-amiral Hamelin était prêt à recevoir, à faire exécuter ses ordres ; mais le vice-amiral Dundas était indépendant. Quand on lui parlait de l'effet moral, quand on lui disait qu'il serait bon pour la flotte de se faire casser quelques mâts, il répondait froidement qu'il avait ordre de tenir ses vaisseaux toujours prêts à

rembarquer les troupes. Rien n'avait donc été résolu ; c'était l'évé-
nement qui devait décider du concours que la marine prêterait à
l'armée, quand l'une et l'autre seraient devant Sébastopol. En atten-
dant, allégée de ses gros *impedimenta* par les transports de la marine, l'armée marchait escortée par les bâtiments de combat.

Après avoir levé, dans la matinée du 19 septembre, leur bivouac
d'Old-fort, les quatre divisions françaises s'étaient formées, la 1re
en tête, la 2e et la 3e en arrière sur la droite et sur la gauche, la 4^e
plus en arrière encore, mais dans l'axe de la 1re, de sorte que l'ensemble présentait la figure géométrique d'un losange, la pointe en
avant ; au milieu étaient placés les réserves de l'artillerie et du génie, l'ambulance et les gros bagages, immédiatement suivis de la division turque. Ce fut dans cet ordre que l'armée se mit en marche,
côtoyant la mer. L'armée anglaise s'avançait à gauche, sur deux
colonnes de deux divisions chacune, l'artillerie au milieu, la cavalerie et la 4e division chargées de couvrir le flanc extérieur. Les escadres longeaient la côte, à la hauteur des têtes de colonne, précé-
dées par des avisos à vapeur dont les sondages multipliés éclai-
raient la route des navires de haut bord. Le plateau que traversaient
tranquillement les armées était à peine ondulé, le terrain solide et
sec ; la marche y était facile. De distance en distance on apercevait
des traces de culture ; ici il y avait eu un champ de maïs, là une
pièce de blé dont les gerbes venaient d'être brûlées sur place. A
midi on était arrivé sur la rive droite du Boulganak : des cosaques
qui étaient de l'autre côté en vedette disparurent ; le lit à peu près
sec du ruisseau fut traversé, la berge gauche gravie, et comme elle
était bien plus élevée que la droite, on découvrit tout à coup, à
sept kilomètres en avant, sur des hauteurs beaucoup plus impor-
tantes, au-dessus de l'Alma, l'armée russe.

L'étape, depuis le départ, n'avait pas été longue ; elle était de
seize kilomètres, et il restait bien encore six ou sept heures de jour ;
cependant les généraux en chef résolurent de s'arrêter et de remettre au lendemain la bataille, après avoir pris le temps de reconnaître la force et les positions de l'ennemi. Sur l'ordre de lord Raglan, le comte de Cardigan qui commandait la cavalerie légère fit
donner d'abord la chasse à quelques escouades de rôdeurs qu'on
voyait sur la gauche, à mi-chemin du Boulganak à l'Alma ; sur quoi
le prince Menchikof, qui voulait pareillement forcer ses adversaires
à déployer leur monde, fit appuyer ses patrouilles par une brigade
de hussards, neuf sotnias de cosaques avec une batterie à cheval,
et soutenir le tout par deux régiments d'infanterie. Du côté des alliés, lord Raglan avait mis en mouvement deux régiments de cavalerie légère, deux de ses divisions d'infanterie, une batterie de cam-

pagne, et le maréchal de Saint-Arnaud une batterie à cheval que s'apprêtait à suivre la division Canrobert, lorsqu'après un peu de tiraillerie et l'échange de quelques obus, des deux parts on cessa une escarmouche qu'aucun des chefs n'avait l'intention de rendre sérieuse.

Le bivouac des alliés s'établit, les Français tenant la droite, sur la berge gauche du Boulganak, mais on eut soin de doubler et de pousser assez loin les grand' gardes qui se couvrirent elles-mêmes, le soir venu, par un léger épaulement. La nuit, froide et sombre, fut d'ailleurs tout à fait calme. Des hauteurs de l'Alma, les Russes essayaient de compter les feux au bord du Boulganak ; les leurs étincelaient étagés, comme pour une fête, depuis la rivière qui coulait à leurs pieds jusqu'au plus élevé de leurs campements, et pour compléter la féerie, des centaines de points lumineux scintillaient en oscillant sur la mer. A l'aube, au coup de canon tiré par l'amiral français répondit dans les bivouacs, battu par les tambours, sonné par les clairons, repris par les trompettes, le rhythme alerte de la diane ; puis des hauteurs descendit dans la plaine le chant d'une hymne russe ; les popes, la croix en tête, passaient à travers les rangs en jetant l'eau bénite sur les hommes agenouillés.

IV

Aussitôt que le prince Menchikof avait connu, dans la journée du 13, l'occupation d'Eupatoria et les préparatifs des alliés pour débarquer dans les environs, il avait dépêché au général Khomoutof à Théodosie en lui demandant le plus rapidement possible assistance. Le prince avait résolu, sans trop dégarnir Sébastopol, de porter tout ce qu'il pouvait réunir de forces sur les hauteurs de l'Alma, dans une position excellemment défensive. Une brigade de la 16e division d'infanterie s'y trouvait déjà ; il y fit, dès le soir même, marcher l'autre avec des bataillons appartenant à la 17e division dont la deuxième brigade fut complétée le lendemain. Les jours suivants d'autres troupes arrivèrent ; les dernières venaient de Kertch à marches forcées ; c'était le régiment de Moscou, envoyé par le général Khomoutof, et qui parti de son cantonnement le 15, accouru en cinq jours, oubliait, le 19, la fatigue de la course en mettant ses armes en état pour la bataille.

L'Alma bordait, comme un fossé, le terrain dominant occupé par les Russes. Elle coulait de l'est à l'ouest, dans un lit encaissé, peu large, ombragé d'arbres et d'arbustes, bordé de vignes, de jardins, de vergers, de maisons tatares. Trois groupes d'habitations, trois villages apparaissaient sur la rive droite, au milieu de la verdure, en amont Tarkhanlar, plus bas Bourliouk, près de l'embouchure Almatamak. Non loin de Bourliouk passait, sur un pont de bois, la route qui d'Eupatoria se dirigeait vers Sébastopol; au débouché du pont sur la rive gauche, elle s'engageait dans un ravin dont les berges dépendaient, à l'est, d'une haute montagne qui commandait directement tout l'espace compris entre Bourliouk et Tarkhanlar, à l'ouest, d'une large terrasse qui s'étendait jusqu'à la mer. Du sommet de la grande montagne, la descente sur l'Alma était assez raide; plus difficile encore du bord escarpé de la terrasse, elle semblait impossible au dessous d'Almatamak : sur la mer, le plateau se terminait brusquement par une falaise à pic. Enfin, tout à fait en arrière, une seconde terrasse, courant de l'est à l'ouest jusqu'au cap Loukoul, s'étageait au-dessus de l'autre et fermait, au sud, comme une toile de fond, l'horizon du champ de bataille.

Pour le prince Menchikof, le point faible de la position, celui qu'il importait le plus de défendre, c'était la trouée ouverte, en face de Bourliouk, par le ravin que suivait la route d'Eupatoria. Aussi avait-il fait élever, sur la pente de la grande montagne, en vue du pont et à portée de mitraille, un fort épaulement armé de douze pièces de 32, un second ouvrage plus loin, sur un ressaut en arrière, avec une batterie de position toute semblable, et, de plus, une batterie de réserve de douze pièces également, mais d'un calibre moins fort. Tout à fait en avant, à l'extrême droite, sur le bord du premier palier de la montagne, deux autres batteries de campagne voyaient les rampes inférieures et le terrain de l'autre côté de la rivière. Soutien de l'infanterie, cette artillerie devait être réciproquement soutenue par elle. Un peu en arrière de ces deux batteries, à droite, à gauche et dans l'intervalle, étaient formés, les uns en colonnes de compagnie, les autres en colonnes d'attaque, les quatre bataillons du régiment de Sousdal, et en seconde ligne, les quatre bataillons du régiment d'Ouglitch. De même, à droite et à gauche de la première batterie de position, se trouvaient les quatre bataillons du régiment Grand-duc-Michel, et ceux du régiment Vladimir en seconde ligne. De cette sorte était constituée la droite de l'armée russe. Au centre, au-dessus de la berge gauche du ravin, deux batteries légères, braquées sur le débouché du pont, avaient pour soutien les quatre bataillons de Borodino. Un peu en arrière, s'élevait une petite construction surmontée d'un télégraphe. A gauche, sur le bord même de la terrasse, étaient rangés, en colonnes de compagnie, quatre bataillons de réserve des régiments de Bialostock et de Brest, appuyés en seconde ligne par les quatre bataillons de Taroutino, et plus loin encore par les quatre du régiment de Moscou avec une batterie légère. L'extrême gauche de la ligne se trouvait au-dessus d'Almatamak, de même que l'extrême droite au-dessus de Tarkhanlar. Le prince Menchikof avait jugé inutile d'étendre ses troupes plus loin vers la mer, parce que, de ce côté, l'escarpement du plateau lui paraissait impraticable; il s'était contenté de placer, au fond et à l'extrémité de la terrasse, près du village d'Aklèse, un bataillon du régiment de Minsk, pour surveiller un petit ravin qui descendait par une rupture de la falaise vers une petite plage où l'ennemi pouvait être tenté de débarquer quelques troupes sur le flanc gauche et les derrières de l'armée russe. Pour réserve générale, le prince avait quatre bataillons du régiment de Volhynie, trois du régiment de Minsk, avec une batterie de campagne, et une brigade de hussards avec une batterie à cheval; toutes ces troupes étaient massées derrière le centre, à droite et à gauche de la route d'Eupatoria, au-dessus du point où elle s'élevait, en sortant du ravin, sur le plateau. Aux avant-postes, sur la rive droite de l'Alma, se trouvaient, au delà de Tarkhanlar, deux régiments de cosaques, et plus près de la rivière, embusqués çà et là dans les plantations, dissimulés par les clôtures, un bataillon de tirailleurs, un bataillon de marins empruntés aux équipages de la flotte, et un demi-bataillon de sapeurs qui avait un détachement prêt à détruire le pont de Bourliouk. Au total, l'armée russe établie par le prince Menchikof sur les hauteurs de l'Alma comprenait quarante-deux bataillons et demi, seize escadrons, onze sotnias et quatre-vingt-seize bouches à feu; on pouvait évaluer l'effectif des combattants de toute arme entre 35,000 et 40,000 hommes. Le prince Gortchakof, commandant du sixième corps, avait sous ses ordres l'aile droite et le centre, le général Kiriakof l'aile gauche, l'un et l'autre sous le commandement en chef du prince Menchikof.

Le plan d'attaque, arrêté de concert par le maréchal de Saint-Arnaud et lord Raglan, était bien simple : il consistait à déborder les flancs de l'armée russe et à l'attaquer ensuite de front. Il avait été convenu, le 19, que les corps destinés, de part et d'autre, à tourner la position ennemie devaient se mettre en marche à cinq heures et demie du matin, tous les autres à sept heures. Le lendemain, 20 septembre, à l'heure dite, la deuxième division française, chargée d'agir contre la gauche des Russes, prenait les armes, au commandement du général Bosquet, et commençait à s'avancer le long de la mer, suivie de la division turque, dérobée aux vues de l'ennemi par un brouillard assez épais. Cependant l'armée anglaise ne s'étant pas trouvée prête, le mouvement général, indiqué pour sept heures, dut être retardé ; les troupes françaises, qui se préparaient à rompre les faisceaux, les laissèrent formés, et le général Bosquet fut averti d'avoir à faire halte jusqu'à nouvel ordre. À neuf heures, les choses étant dans le même état, dans toutes les divisions françaises on fit le café. Enfin, les Anglais ayant achevé de lever leurs bivouacs, les ordres de marche purent être exécutés sur toute la ligne ; il était onze heures et demie.

La division Bosquet, formée sur deux colonnes, l'artillerie au milieu, et la division turque après elle, composaient la droite, à 1,500 mètres en avant du corps de bataille. Au centre s'avançaient la première et la troisième divisions, celle-ci tenant la gauche de l'armée française et donnant la main à la droite anglaise ; dans chacune d'elles, la première brigade marchait en bataille, couverte par un rideau de tirailleurs, l'artillerie déployée sur la même ligne, et la seconde par bataillons en colonne serrée, à 300 mètres en arrière. La quatrième division, formant réserve, suivait à pareille distance à peu près la troisième, ses régiments en colonne, la réserve d'artillerie et les batteries à cheval sur sa droite. Les bagages cheminaient à distance, près de la mer, sous la garde de quatre bataillons turcs.

L'armée anglaise, également précédée d'un rideau de *riflemen*, avait en tête la deuxième division de Lacy Evans, à gauche de la troisième division française, et la division légère George Brown, chacune sur deux lignes ; dans le même ordre, la troisième division England suivait la deuxième, et la première division duc de Cambridge venait après la division légère ; entre elles marchait l'artillerie. La quatrième division Cathcart faisait la réserve en arrière-garde sur la gauche, et toute la marche était couverte par la cavalerie formée en colonne. A l'approche de celle-ci, les deux régiments de cosaques envoyés en éclaireurs se replièrent sur la rive gauche de l'Alma et vinrent occuper le sommet de la grande montagne, derrière l'extrême droite de la ligne russe, que les Anglais, par le retard et la lenteur de leur mouvement, n'étaient plus en mesure de tourner ni de surprendre.

Cependant le général Bosquet poursuivait sa mission. En approchant de la rivière, ses éclaireurs avaient reconnu un gué au-dessus d'Almatamak ; une chaloupe de l'aviso *le Roland* en découvrit au-dessous un autre, une barre de sable formée par les flots, à l'embouchure même de l'Alma. Des bâtiments légers à vapeur de l'escadre française, *la Mégère*, *le Cacique*, *le Canada*, *le Roland*, *le Lavoisier*, *le Berthollet*, avec un bâtiment anglais, embossés depuis l'embouchure jusqu'au cap Loukoul, avaient commencé d'envoyer sur le plateau, à bonne distance, des obus qui avaient fait reculer

jusque sur les troupes de l'extrême gauche, atteintes elles-mêmes,
les sentinelles et les postes russes. Il ne restait que le détachement
posté près d'Aklèse, dans un pli de terrain où il se tenait hors de
vue, mais sans vue, sinon sur le petit ravin qu'il avait ordre de
surveiller. Aidé par ce feu qui le débarrassait de témoins impor-
tuns, le général Bosquet avait dirigé la brigade d'Autemarre sur le
gué d'Almatamak, et sur celui de la barre la brigade Bouat avec la
division turque. En tête de la première, un bataillon du 3e zouaves
eut bientôt franchi la rivière, et, furetant le long de l'escarpement, découvert un mauvais chemin que gravissaient cependant
quelquefois les arabas tatars ; l'artillerie pouvait-elle aussi bien
y réussir? Sous la direction intelligente du commandant Bar-
ral, on essaya d'une pièce; les chevaux tirant à plein collier, vingt
hommes poussant aux roues, s'arcboutant de l'épaule au coffre
de l'avant-train, aux flasques de l'affût, la pièce finit par être hissée
sur le plateau; le prodige se renouvela pour les autres. Déjà les
zouaves, s'accrochant aux saillies, grimpant par le plus court,
avaient ouvert avec leurs carabines rayées un feu dont la portée
surprenait et déconcertait les Russes. Peu à peu les autres bataillons de la brigade suivirent et se formèrent successivement sous la
protection des zouaves qui, rampant et fusillant, gagnaient du terrain sans cesse. Les premiers Russes qui essayèrent de riposter à
leur attaque furent les soldats du bataillon de Minsk, placés auprès
d'Aklèse; mais isolés comme ils étaient, perdant déjà beaucoup de
monde et craignant d'être coupés, ils se retirèrent vers le gros de
leurs troupes. A ce moment, commençait de paraître la tête de la
brigade Bouat, qui, après avoir traversé le gué de la barre, avait
eu, comme la première, avec des difficultés peut-être plus grandes,
à gravir l'escarpement du plateau; l'artillerie qui l'accompagnait,
menacée de s'engraver au milieu de l'eau, dans le sable qui cédait
sous le poids, avait été forcée de faire demi-tour et d'aller gagner,
par le gué d'Almatamak, le chemin heureusement frayé par l'autre
batterie.

L'apparition des Français sur sa gauche, annoncée au général
Kiriakof, le trouva d'abord incrédule; comment auraient-ils pu
s'élever jusque-là? Tel fut aussi le premier sentiment du prince
Menchikof, lorsque le général Kiriakof, éclairé par l'évidence, vint
en personne lui porter la nouvelle. Les Français étaient là, sans
cesse augmentant de nombre, et, pour convaincre le prince, leur
canon commençait à parler. Comme il était impossible de dégarnir le
bord de la terrasse directement menacé par les divisions déployées
dans la plaine, il fallut, dès le commencement de la bataille, enga-
ger la réserve. Ce fut d'abord le régiment de Moscou, placé derrière

la gauche en troisième ligne ; à la vue de ce renfort, le bataillon
qui se retirait d'Aklèse fit demi-tour et revint bravement au feu.
Deux batteries légères accoururent successivement en face de
la seule batterie française qui eût pu encore atteindre le plateau ; mais les bâtiments à vapeur, armés de grosse artillerie,
avaient allongé leur tir : les bombes de 22 centimètres et les obus
de 12 couvraient ensemble de leurs éclats les batteries russes que
traversaient en même temps les balles oblongues des zouaves et
des chasseurs à pied. Sur un effectif de cent canonniers, la première qui fût engagée vit bientôt quarante-huit de ses hommes
hors de combat, et presque tous ses chevaux furent atteints. L'autre
étant arrivée sur ces entrefaites, et la seconde batterie de la division Bosquet ayant rejoint la première, le duel d'artillerie redoubla
de violence. Parmi les troupes françaises il y avait les tirailleurs
algériens, pour qui la canonnade était une épreuve nouvelle ; trou-
blés par le sifflement des projectiles, il y en avait qui pliaient les
épaules, qui *saluaient*, selon le terme expressif du soldat. Le général Bosquet s'en aperçut : « Eh quoi ! leur dit-il en les apostro-
phant dans leur langue, la balle frappe-t-elle moins que le boulet ? » — « *Bessah !* (c'est vrai !) » répondirent-ils en se redressant,
et désormais les têtes ne s'inclinèrent plus[1].

Pendant ce temps, le prince Menchikof était accouru sur le terrain ; jugeant l'état des affaires plus grave qu'il n'avait pensé, il
fit appeler la moitié à peu près de la réserve générale, le régiment
de Minsk, quatre escadrons de hussards avec l'artillerie de la brigade et deux batteries à cheval des cosaques. Ajoutées aux premières,
c'étaient, en somme, quarante-quatre bouches à feu contre douze,
les batteries françaises ayant seulement six pièces, et les batteries
russes en comptant huit et dix ; mais il faut noter que, sous le rapport du calibre et de la portée, l'armement des Français était supérieur.

La partie que jouait la division Bosquet devait être de toute façon décisive : si elle continuait de pénétrer dans le flanc des
Russes, le gain de la bataille était à peu près sûr ; si elle était
repoussée, au contraire, il n'y avait pas pour elle de retraite possible : précipitée de la falaise dans la mer, culbutée de pointe en
pointe sur l'escarpement d'Almatamak, elle était perdue, brisée,
anéantie, et la catastrophe d'une seule division influait certaine-
ment sur le sort de l'armée tout entière. Le général Bosquet avait

---

[1] Ce détail et quelques autres, relatifs à la deuxième division, sont empruntés
aux *Souvenirs de la guerre de Crimée*, œuvre très-intéressante de M. le colonel
d'état-major Fay, ancien aide-de-camp du général Bosquet.

tout prévu, la bonne chance et la mauvaise. « J'ai tout compris, avait-il dit après avoir reçu les dernières instructions du maréchal ; mais n'oubliez pas que je ne puis me faire écraser plus de deux heures. » A ce moment critique, il voyait à la fois, au-dessous de lui dans la plaine, s'avancer, avec la résolution de le rejoindre, la première et la troisième divisions françaises, et sur le plateau marcher à lui la moitié de la réserve russe. Accueillie par une volée de mitraille et par un feu roulant des bataillons déployés, cette tentative de l'ennemi fut arrêtée net ; les hussards essayèrent, sans plus de succès, de tourner le flanc droit de la division : dès qu'ils parurent au-dessous du cap Loukoul, les obus de la marine jetèrent le désordre dans leurs rangs et les forcèrent à tourner bride. Dès lors, cette gauche improvisée des Russes n'essaya plus de sortir de la défensive, et la canonnade continuant seule, le général Bosquet attendit, pour attaquer de nouveau, le concours que lui apportaient les régiments du général Canrobert et du prince Napoléon.

Dès que le maréchal de Saint-Arnaud avait vu se former les premières troupes de son lieutenant et entendu le canon tonner au-dessus d'Almatamak, la première et la troisième divisions, sur son ordre, s'étaient portées rapidement entre ce village et Bourliouk ; leurs tirailleurs avaient délogé ceux des Russes et, en les suivant, découvert deux nouveaux gués, praticables pour l'artillerie ; quelques-uns, sondant la rivière avec des branches d'arbres, indiquaient à l'infanterie les endroits où l'eau était le moins profonde. Du bord de la terrasse, joignant son feu à celui des postes qui, après avoir abandonné la rive droite, s'étaient embusqués, au milieu des broussailles, sur les pentes de la rive gauche, l'artillerie russe s'efforçait d'empêcher le passage. Un boulet, ricochant dans l'état-major du prince Napoléon, atteignit le sous-intendant Leblanc et lui brisa la jambe gauche ; le général Thomas, à la tête de sa brigade, fut blessé d'une balle dans l'aine. En réponse au feu de l'ennemi le maréchal fit riposter les batteries de la troisième division, aidées de deux batteries à cheval ; en même temps le général Forey eut ordre de diriger la brigade de Lourmel sur Almatamak pour appuyer tout ensemble les généraux Canrobert et Bosquet, et de soutenir le prince Napoléon par son autre brigade. Il était deux heures. L'Alma franchie, les hommes déposèrent leurs sacs et s'élancèrent sur les rampes avec une émulation généreuse ; ce furent les zouaves du 1er régiment qui en atteignirent d'abord le sommet ; ils s'y établirent sans difficulté, les Russes ayant fait un changement de front obliquement et en arrière, afin d'opposer une ligne à peu près régulière à l'agression imminente du général Bosquet. La première division eut donc assez d'espace pour se reformer et un peu de temps pour reprendre haleine. La troisième, par ordre du maréchal, avait été forcée de ralentir son mouvement, afin de ne point laisser un trop grand vide entre elle et la droite de l'armée anglaise. Au moment de passer l'Alma, le prince Napoléon avait envoyé vers lord Raglan des officiers chargés d'appeler son attention sur la trouée qui commençait à s'élargir.

Le maréchal de Saint-Arnaud, après la bataille, a peint en deux mots expressifs les allures si différentes des troupes de lord Raglan et des siennes : « J'ai couru, les Anglais ont marché. » Les Anglais marchaient donc, en faisant souvent halte afin de rectifier leur alignement. Au lieu de se déployer hors de la portée du canon, de fractionner leurs troupes en les échelonnant à distance, afin de donner moins de prise aux coups de l'ennemi, sans dessein de mettre leur bravoure en parade, par oubli, non par mépris des principes de la tactique les plus simples, ils entraient dans la zone dangereuse lentement, par lignes rapprochées, en masses profondes, de sorte que sur ces longues et larges cibles les canonniers russes pointaient aussi facilement qu'à l'école de tir. Ce fut seulement quand ils eurent vu des files entières renversées par les boulets, que les divisions Brown et de Lacy Evans, les plus avancées, firent leur déploiement sur une seule ligne précédée de tirailleurs, appuyée par l'artillerie divisionnaire au centre, par deux batteries à cheval sur la droite. Les Russes leur disputèrent vigoureusement les jardins, les plantations, les vignes, le village de Bourliouk, tous les abords de l'Alma. La brigade Codrington, qui voulait s'emparer du pont, sous le feu des deux batteries légères placées au-dessus du ravin de la route, devant les bataillons de Borodino, eut particulièrement à souffrir ; il fallut qu'elle se mît pour un temps à l'abri derrière les maisons de Bourliouk, jusqu'à ce que deux pièces anglaises, ayant réussi à passer l'Alma au-dessous du village, à s'établir sur un des éperons avancés de la terrasse et à prendre les batteries russes en enfilade, eussent contraint l'une d'elles à la retraite, tandis que les servants de l'autre étaient frappés avec une rare justesse par les carabiniers de la brigade anglaise. Enfin, Bourliouk menacé de droite et de gauche fut incendié par l'ennemi qui, pressé dans sa retraite, n'eut pas le temps de détruire le pont de bois. La division de Lacy Evans d'un côté, celle du duc de Cambridge beaucoup plus haut de l'autre, et la division légère entre les deux, passèrent presque en même temps l'Alma.

La dernière, tout à l'heure canonnée par les batteries de la terrasse, tombait maintenant sous le feu des douze grosses pièces que couvrait le premier épaulement construit sur la pente de la grande montagne ; heureusement pour elle, deux bataillons du régiment

Grand-duc Michel qui voulaient arrêter sa marche par une charge à la baïonnette, masquèrent de telle sorte la formidable batterie qu'il lui fallut interrompre son tir à mitraille. En voyant descendre sur lui les Russes, sir George Brown fit un peu rétrograder sa division vers la rivière, puis quand l'ennemi ne fut plus qu'à vingt pas, il prévint la rencontre par une décharge dont pas un coup ne pouvait se perdre. Le colonel, les deux chefs de bataillon, beaucoup d'officiers et de soldats russes furent tués; beaucoup furent blessés; le reste, en grand désordre, remonta précipitamment vers la batterie, talonné par les Anglais de telle manière que les canonniers eurent à peine le temps d'atteler et d'enlever dix de leurs pièces; il en demeura deux. Un moment après, les couleurs anglaises flottaient sur l'épaulement conquis, mais pour cette fois elles n'y flottèrent aussi qu'un moment. Deux bataillons de Vladimir, lancés au pas de course sur une pente raide, tombèrent comme la foudre dans la batterie, et rien que la violence du choc en expulsa tout d'un coup les envahisseurs. Le régiment anglais qui perdait pied entraîna les autres dans son mouvement de recul. A cent cinquante mètres environ du bord de l'Alma, sir George Brown arrêta la retraite, reforma sa division et fit rouvrir le feu, tandis que sir de Lacy Evans d'un côté, le duc de Cambridge de l'autre, marchaient vers lui afin de concerter ensemble une attaque décisive. C'est ce que venaient de faire avec un grand succès, sur le plateau, les quatre divisions françaises.

En s'éloignant de plus en plus de la mer et en abandonnant la crête de la terrasse au-dessus d'Almatamak, la gauche des Russes et leur réserve s'étaient repliées obliquement sur le centre et arrêtées en avant du télégraphe. Comme la division Canrobert n'était pas encore tout à fait formée, le général Kiriakof essaya d'abord de la mettre en désordre par une attaque des régiments de Moscou et de Minsk; mais le feu combiné des batteries de la première et de la deuxième divisions rompit l'élan des bataillons ennemis. Bientôt se montra la troisième avec son artillerie; puis tout de suite on vit apparaître, conduites par le général Thiry lui-même, les batteries à cheval. Écrasés par les boulets, déchirés par la mitraille, les Russes répondaient vaillamment de tout ce qu'ils avaient de pièces; un de leurs obus en éclatant contusionna le général Canrobert à l'épaule; mais pour eux la partie n'était plus tenable. Les deux colonels de Minsk et de Moscou, la plupart des chefs de bataillon et des capitaines étaient hors de combat; en vain les officiers s'efforçaient de prolonger la lutte; l'un d'eux surtout se faisait remarquer par l'énergie avec laquelle il ramenait au feu ses hommes : « Ah! le brave officier! s'écriait le général Bosquet en admiration de sa bravoure; s'il était là, je l'embrasserais! » Minsk et

Moscou avaient perdu ensemble 1,500 hommes ; deux des batteries russes n'avaient plus que deux chevaux par pièce, un cheval par caisson ; le prince Menchikof fit sonner la retraite. Au pied même du télégraphe, il y eut un dernier et court engagement. La division Bosquet, suivie des Turcs, et les trois autres divisions françaises, de front, s'avançaient d'un mouvement désormais irrésistible. Un officier du 39ᵉ de ligne, le sous-lieutenant Poidevin, planta sur la tour du télégraphe le drapeau de son régiment et tomba mort. De ce côté, ce fut la fin de la bataille. Couverts par ce qui leur restait de pièces en état de faire feu, par les hussards et par les cosaques, les bataillons russes se retiraient en assez bon ordre, sans trop de précipitation, vers la route de Sébastopol ; ainsi à Borodino, leurs anciens s'étaient éloignés par la route de Moscou.

Décidée sur le plateau, la victoire, de l'autre côté du ravin, sur la grande montagne, semblait encore hésitante. La division du duc de Cambridge, soutenue par la division Brown et par une brigade de Lacy Evans, avait repris l'attaque contre le grand épaulement désarmé de sa grosse artillerie. Le prince Gortchakof s'y était porté, voulant encourager les troupes par sa présence et diriger lui-même leurs efforts. Les balles sifflaient autour de lui, trouant son manteau, tuant son cheval, pendant qu'il menait à la charge les bataillons de Vladimir. Le succès qu'ils avaient obtenu, l'heure d'avant, en reprenant sur les Anglais la batterie, échauffait leur ardeur et parut d'abord se doubler d'un second avantage. Étonnée par les *hourras*, fusillée de haut, la première ligne anglaise recula lentement vers le pont ; celles qui suivaient durent obéir à ce mouvement et la retraite put sembler générale. De plus en plus animés, avec de plus bruyantes clameurs, les bataillons russes se précipitèrent la baïonnette en avant. Le même feu, qui naguère exécuté sans hâte, à bout portant, avait arrêté le régiment du Grand-duc Michel, arrêta le régiment de Vladimir. Étonnés à leur tour, plus qu'étonnés, ravagés par ce feu terrible, officiers et soldats avaient peine à se remettre, lorsqu'un nouveau coup, imprévu et soudain, vint ajouter à leur désordre. Instruit de la résistance qu'opposait aux troupes de lord Raglan la droite russe, le maréchal de Saint-Arnaud avait fait rappeler les batteries à cheval et les batteries de la réserve dont les obus accompagnaient la retraite du général Kiriakof, et les avait envoyées sur la crête du ravin de la route ; c'était leur mitraille qui achevait l'œuvre des carabines anglaises. Cependant les débris épars du régiment russe, cherchant l'abri le plus proche, allaient par instinct se rallier derrière l'épaulement, et, dans le nombre, il y avait assez de braves gens pour y faire encore une vigoureuse défense. Quand un ordre du prince Menchikof les vint relever définitivement de leur poste, il ne restait que dix officiers du régiment : le colonel, trois chefs de bataillon, quatorze capitaines, trente officiers de grade inférieur et treize cents soldats étaient tués ou blessés. Pendant ce temps, les divisions anglaises avaient fait partout des progrès décisifs. Sur la grande montagne comme sur le plateau, la bataille était gagnée. La retraite, commencée par la gauche et le centre de l'armée russe, s'acheva par la droite ; l'artillerie laissa, comme trophée pour le vainqueur, deux bouches à feu derrière l'épaulement ; malgré l'épuisement de ses attelages, elle put emmener toutes les autres.

Il était quatre heures. L'infanterie des alliés avait eu trop de fatigue pour être encore en état d'inquiéter efficacement la retraite de l'ennemi ; les hommes n'avaient pas mangé depuis le matin, et le besoin de nourriture, chez les Anglais surtout, se faisait impérieusement sentir. Du côté des Français, deux divisions au moins étaient retenues près du champ de bataille par un détail de plus d'importance qu'il ne semblait. C'était l'habitude en Afrique, où l'infanterie ne s'employait pas à de longues poursuites, de faire déposer les sacs au moment du combat ; avant de gravir les rampes du plateau, la première et la troisième divisions avaient déposé les leurs qui contenaient leurs vivres ; il fallut qu'elles redescendissent au bord de l'Alma pour les aller reprendre. La cavalerie anglaise, en passant la rivière au-dessus de Tarkhanlar, avait rencontré des terrains marécageux dont la traversée pénible avait longtemps retardé sa marche ; l'ennemi était déjà trop loin vers la Katcha lorsqu'elle aurait pu commencer la poursuite. De cavalerie française, il n'y avait qu'un escadron de chasseurs d'Afrique et quelques spahis ; quel regret pour le maréchal de Saint-Arnaud de n'avoir pas pu, faute de moyens de transport, en embarquer davantage ! Un petit incident montra ce qu'avec plus de ressources on aurait pu faire. Le colonel Forgeot, qui commandait la réserve d'artillerie, avait envoyé, au crépuscule, deux pelotons de canonniers à cheval en reconnaissance. Les éclaireurs de cette petite troupe signalèrent deux voitures avec quelques cavaliers d'escorte, qui cherchaient à rejoindre l'arrière-garde russe ; on courut, l'escorte fit résistance, mais après qu'on eut échangé quelques coups de pistolet, elle se rendit. Il se trouva que ces voitures étaient des fourgons du prince Menchikof, remplis de papiers et de provisions de bouche : les papiers allèrent au général en chef et l'aubaine des provisions demeura, comme de juste, aux capteurs.

Le maréchal de Saint-Arnaud radieux, lord Raglan plus grave, parcouraient chacun la partie du champ de bataille où avaient combattu, également vaillantes, leurs troupes victorieuses. Les acclamations et les chants de victoire couvraient les plaintes des blessés que les chirurgiens pansaient sur place ou qu'on portait aux ambulances. Les Russes en avaient laissé beaucoup; ces pauvres gens avaient une si singulière idée des Français et des Anglais, à cause de leur alliance avec les Turcs dont ils faisaient dans leur imagination des coupeurs de têtes, qu'ils étaient tout surpris des soins qu'on leur donnait comme aux autres. Dans l'armée du prince Menchikof il y avait eu 5 généraux blessés, 46 officiers et 1755 soldats tués, 140 officiers et plus de 3000 soldats blessés; en ajoutant à ces chiffres 735 prisonniers ou disparus, la perte totale passait 5,700 hommes. Celle des alliés était notablement moindre : 2,000 hommes environ pour l'armée anglaise, 1,300 pour l'armée française.

Les trois armées avaient montré des qualités différentes, toutes remarquables. « Mes soldats ne doutent plus de rien, écrivait, le 21 septembre, le maréchal de Saint-Arnaud, et cependant les Russes ont bien tenu hier; il a fallu revenir à trois fois pour enlever des positions; ce sont de bons soldats. Mais les Anglais et les Français ! quelles troupes! Quelle solidité chez les uns! quelle ardeur, quel élan chez les autres! Je n'ai jamais vu de plus beau panorama que cette bataille. Arrivé sur les hauteurs pour mieux juger des mouvements de l'ennemi, j'ai pu voir les positions enlevées par mes zouaves, et l'armée anglaise faisant un passage de lignes sous le feu de l'artillerie russe pour aller enlever ses batteries. C'était sublime. » Le maréchal ne marchandait pas l'éloge à ses compagnons de victoire. « Lord Raglan, écrivait-il dans son rapport à l'empereur, lord Raglan est d'une bravoure antique; au milieu des boulets et des balles, c'est le même calme qui ne l'abandonne jamais. » Le 20 septembre, au début de l'action, on se demandait dans l'état-major général si le canon qu'on commençait d'entendre au-dessus d'Almatamak était celui des Français ou celui des Russes. « Je vous dis, s'écria vivement le maréchal, que c'est le canon de Bosquet; il est établi sur la hauteur, je vois les pantalons rouges. Ah! je reconnais bien là mon vieux Bosquet d'Afrique!» — «La blessure du général Canrobert va très-bien, écrivait-il, le 22, au maréchal Vaillant; il a été superbe et sa division au-dessus de tout éloge. Bourbaki est un Bayard; il était magnifique à la tête de ses zouaves. Le colonel Cler ne lui cède en rien. Quels officiers! quels soldats ! Et que je me sens fier de les commander! Beau succès, monsieur le ministre, qui fait honneur à nos armes, ajoute une belle page à notre histoire militaire et donne à l'armée un moral qui vaut vingt mille hommes de plus, ce qui ne m'empêche pas de vous prier de songer aux renforts. Les effectifs baissent; ils ont diminué de deux mille hommes depuis le 14. Ma santé est toujours la même chose; elle se soutient entre les souffrances, les crises et le devoir. Tout cela ne m'empêche pas de rester douze heures à cheval les jours de bataille… mais les forces ne me trahiront-elles pas? »

Le maréchal rendait aux Russes une justice méritée ; ils avaient la bravoure, le sentiment du devoir, le respect de la discipline ; mais leur tactique, comme celle des Anglais, était vieille d'un demi-siècle. De même que lord Raglan était demeuré l'élève du duc de Wellington, le prince Menchikof suivait les recommandations léguées par Souvorof à Koutousof. Quoique les modifications de l'armement fussent en 1854 bien loin de ce qu'elles sont aujourd'hui, elles avaient déjà, sur les formations de combat, une influence qu'il n'était plus permis de négliger. L'instruction individuelle et par suite la spontanéité du soldat, la précision du tir, le rôle de plus en plus marqué des tirailleurs, autant de nouveautés inconnues de l'armée russe où l'homme, perdu dans le rang, n'était tenu qu'à obéir machinalement à des commandements invariables. Sur un Champ-de-Mars, les manœuvres en masse étaient exécutées avec une précision merveilleuse, mais sur un terrain de combat, la même troupe n'était vraiment plus manœuvrière, ou bien pour manœuvrer il lui fallait tant de temps qu'un ennemi plus souple et plus leste en prenait aussitôt avantage. C'était ainsi que le changement de front, commandé par le général Kiriakof et lentement accompli, avait permis à la division Canrobert de prendre pied sur la terrasse.

Au dernier moment, immédiatement avant l'apparition des alliés sur le territoire russe, l'empereur Nicolas, frappé de ce qui manquait à ses troupes et désireux de leur donner une mobilité plus grande, avait prescrit des formations nouvelles qui ne purent être ni étudiées ni comprises, pratiquées moins encore sur le terrain de manœuvre, de sorte que, sur le champ de bataille, elles furent pour ceux qui, par obéissance, voulurent en tenir compte, une cause de trouble, de désordre et finalement de défaite. On venait d'en voir le mauvais effet à l'Alma ; sur le plateau d'Inkermann, le résultat devait tourner à la catastrophe.

Les officiers avaient, l'épreuve étant faite, le sentiment raisonné de leur infériorité tactique ; les soldats n'en avaient que l'instinct, lorsqu'ils maudissaient les carabines, les *rifles*, toutes les armes à longue portée. Dans la nuit qui suivit la bataille, sombres, mornes, irrités, non découragés, ils bivouaquaient sur la Katcha ; défense était faite d'allumer des feux, d'attirer par un bruit inopportun l'attention de l'ennemi. Le lendemain, la retraite continua ; le soir, l'armée russe prit ses bivouacs au sud de Sébastopol.

Camille Rousset.

PARIS — IMP. SIMON RAÇON ET COMP., RUE D'ERFURTH, 1.

9 782012 462601